Julia Laas

Kreative Kurzaufgaben: Mangas

40 originelle Arbeitsblätter zum Zeichnen und Gestalten für zwischendurch

Julia Laas ist gelernte Buchhändlerin, Illustratorin und Mangakünstlerin. Seit mehr als 20 Jahren interessiert sie sich für die japanischen Comics.

Wir verwenden in unseren Werken eine genderneutrale Sprache, damit sich alle gleichermaßen angesprochen fühlen. Wenn keine neutrale Formulierung möglich ist, nennen wir die weibliche und die männliche Form. In Fällen, in denen wir aufgrund einer besseren Lesbarkeit nur ein Geschlecht nennen können, achten wir darauf, den unterschiedlichen Geschlechtsidentitäten gleichermaßen gerecht zu werden.

In diesem Werk sind nach dem MarkenG geschützte Marken und sonstige Kennzeichen für eine bessere Lesbarkeit nicht besonders kenntlich gemacht. Es kann also aus dem Fehlen eines entsprechenden Hinweises nicht geschlossen werden, dass es sich um einen freien Warennamen handelt.

1. Auflage 2024

AAP Lehrerwelt GmbH
Veritaskai 3
21079 Hamburg
Telefon: +49 (0) 40325083-040
E-Mail: info@lehrerwelt.de
Geschäftsführung: Andrea Fischer, Sandra Saghbazarian, Robin Schlenkhoff
USt-ID: DE 173 77 61 42
Register: AG Hamburg HRB/126335

Autorschaft: Julia Laas
Covergestaltung: TSA&B Werbeagentur GmbH, Hamburg
Coverillustration: Julia Laas
Illustrationen: Julia Laas
Satz: Satzpunkt Ursula Ewert GmbH, Bayreuth
Druck und Bindung: Zimmermann Druck + Verlag GmbH, Balve

ISBN/Bestellnummer: 978-3-403-20974-4
www.persen.de

Inhaltsverzeichnis

Vorwort

Mangas sind japanische Comics und unterscheiden sich in einigen Punkten von den westlichen, wie Superman oder Batman. Das Schöne an Mangas ist, dass man den Charakteren genau ansieht, wie sie sich gerade fühlen. Es bedarf nicht viel Text zu einer Szene, um die Situation und die Gefühle der Charaktere zu verstehen. Die Zeichnungen erzählen die Geschichte. So haben im Manga sogar die Haarfarben Bedeutungen und ergänzen die Wesenszüge der Figuren. Mangas sind in den letzten Jahren immer populärer geworden. Kinder und Jugendliche mögen den auffallenden Zeichenstil. So bietet dieses Material eine tolle Möglichkeit, Ihre Lernenden in ihrer Lebenswelt abzuholen und Kunstunterricht an einem Gegenstand zu praktizieren, der ihnen zusagt. Mangas ermöglichen, Charaktere und Emotionen einfach grafisch darzustellen. Dennoch geht es dabei auch um Themen wie Farben, Proportionen und den Ausdruck von Gefühlen mittels Kunst. Diese können Sie mit diesen Arbeitsblättern problemlos in Ihren Unterricht integrieren.

Im Folgenden finden Sie nach einer kleinen Einführung zum Thema Manga vielfältige Arbeitsblätter mit Bildern zum Aus- und Weitermalen sowie zum Vervollständigen eines kurzen Mangas.

Was ist Manga?

Der Begriff *Manga* bedeutet so viel wie *komisch, witzig gezeichnetes Bild*. Schon früh begannen buddhistische Mönche, Bildergeschichten auf Papierrollen zu zeichnen. Populär wurde der Begriff durch den Ukiyo-e-(Holzschnitzbilder-) Meister Katsushika Hokusai im Jahre 1814. Er hat Skizzen mit Momentaufnahmen der japanischen Gesellschaft und Kultur während der späten Edozeit (1603–1868) gezeichnet.

© Mira Kunstler/stock.adobe.com

Eines seiner bekanntesten Werke ist „Die große Welle vor Kanagawa".

In Japan findet man Mangas überall, selbst im Alltag auf Gebrauchsanweisungen, in Kochbüchern, auf Hinweisschildern usw.

Die Besonderheit von Mangas liegt darin, dass die Bilder die Geschichte erzählen und auf viel Text verzichtet werden kann, anders als beispielsweise bei US-Comics. Auch gibt es viele verschiedene Arten von Mangas, hier eine kleine Auswahl:

© sayukichi_stock.adobe.com

Kodomo → Mangas für kleine Kinder

Shōnen → Mangas für Jungen

Shōjo → Mangas für Mädchen

Silver Mangas → Mangas für Senioren

Der Beruf des Mangakas ist ein großer Traum vieler Jungen und Mädchen – doch der Weg dahin ist beschwerlich und lang. Wer es geschafft hat, wird in einem der vielen monatlich erscheinenden Magazine veröffentlicht.

Hast du aufmerksam gelesen? Dann beantworte folgende Fragen:

1. Was bedeutet Manga? ______________________________

2. Wie heißt der Ukiyo-e-Meister? ______________________________

3. Welche Besonderheit gibt es beim Manga? ______________________________

____

Was ist Manga?

Viele japanische Jungen und Mädchen träumen davon, eines Tages als Mangazeichner die eigenen Geschichten zu veröffentlichen und damit Geld zu verdienen.

Doch die Arbeit als Mangaka ist anstrengend, stressig und hart.

Es gibt verschiedene Wege, um als Zeichner entdeckt zu werden, z. B. als Assistent in einem Zeichnerteam eines bekannten Mangakas. Mit der Zeit und der Erfahrung, die gesammelt wird, kann man wichtigere Aufgaben übernehmen. Bis sich die Möglichkeit bietet, eigene Projekte zu zeichnen und einem Verlag zu präsentieren.

Man kann sich natürlich auch direkt bei einem Verlag bewerben oder bekommt Aufmerksamkeit durch die Veröffentlichung von Doujinshis (von Fans gezeichnete Geschichten).

Das Stressigste bei der Arbeit sind die Abgabetermine für die wöchentlich oder monatlich erscheinenden Magazine. Denn in so einem werden die Mangas zuerst veröffentlicht, Kapitel für Kapitel. Erst später kommen sie als Sammelband im Taschenbuchformat raus.

Diese Magazine gibt es für verschiedene Zielgruppen:

Kodomo: Coro Coro Comic (erscheint monatlich) – Mangas wie *Kickers, Pokémon, Beyblade*

Shōnen: Shōnen Jump (erscheint wöchentlich) ist das meistverkaufte Magazin in Japan – Mangas wie *One Piece, Dragonball, Naruto*

Shōjo: Ribon (erscheint monatlich) – Mangas wie *Sailor Moon*

Um als Zeichner davon leben zu können, müssen sich die Geschichten natürlich gut verkaufen. Das schaffen aber leider nicht alle.

Hier einige sehr bekannte und erfolgreiche Mangaka:

Gosho Aoyama (*Detektiv Conan*) – Clamp (*Card Captor Sakura*) – Eiichirō Oda (*One Piece*) – Naoko Takeuchi (*Sailor Moon*) – Akira Toriyama (*Dragonball*) – Osamu Tezuka (*Astro Boy*)

Osamu Tezuka war übrigens maßgeblich an der Entwicklung von Manga und Anime beteiligt und wird deswegen auch als „Gott des Manga" (Manga no Kami-sama) bezeichnet.

> **Kennt ihr einige dieser Mangas und Animes oder gar andere? Tauscht euch aus, welche ihr kennt und was ihr an ihnen mögt.**

Male das Bild bunt aus!

Bild: © Julia Laas

Male das Bild bunt aus!

Bild: © Julia Laas

Male das Bild bunt aus und gestalte den Hintergrund!

Bild: © Julia Laas

Gestalte deinen eigenen Ritter!

Bild: © Julia Laas

Male das Bild in herbstlichen Farben aus!

Bild: © Julia Laas

Ausmalbild

Male das Bild aus!

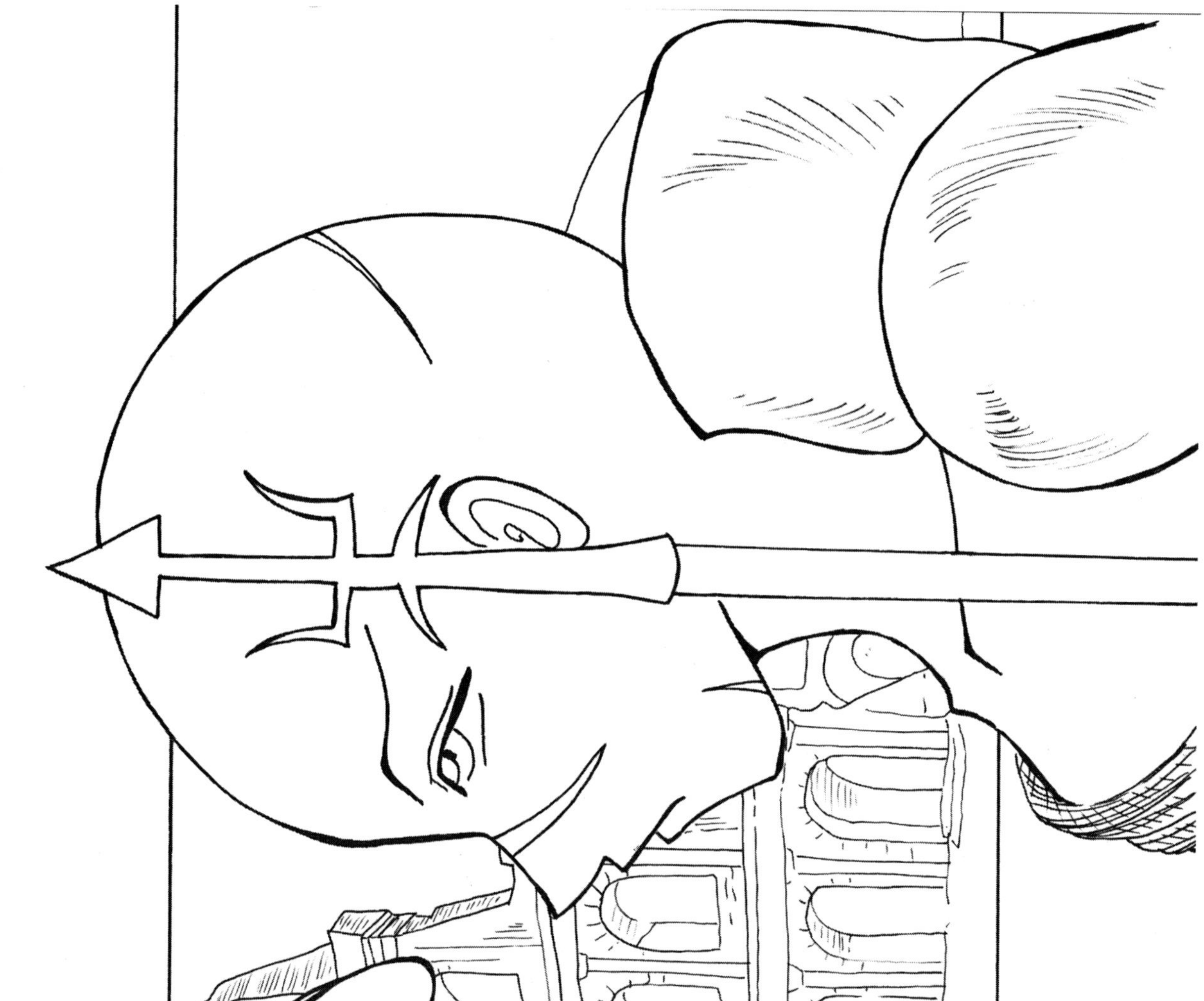

Bild: © Julia Laas

Male das Bild bunt aus!

Bild: © Julia Laas

Male das Bild aus und gestalte den Hintergrund!

Bild: © Julia Laas

Male das Bild bunt aus!

Bild: © Julia Laas

Male das Bild aus und gestalte den Hintergrund!

Bild: © Julia Laas

Male das Bild bunt aus!

Bild: © Julia Laas

Male das Bild bunt aus!

Bild: © Julia Laas

Ausmalbild

Male das Bild bunt aus!

Bild: © Julia Laas

Male das Bild aus und gestalte den Hintergrund!

Bild: © Julia Laas

Ausmalbild

Male das Bild aus und gestalte den Hintergrund!

Bild: © Julia Laas

Gestalte das Chibi-Essen fertig (Pizzabelag, Eisdeko) und mal es an!

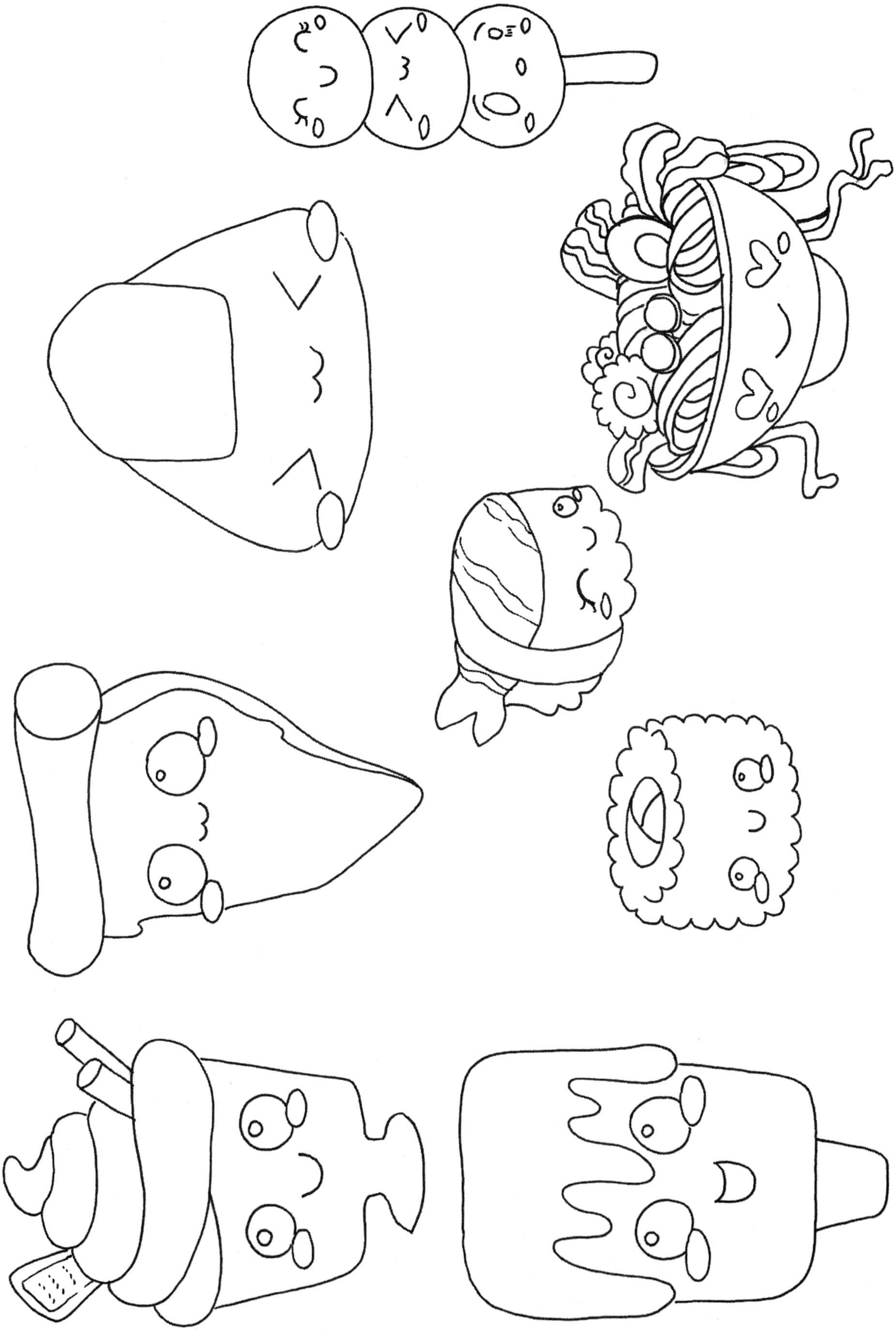

Bild: © Julia Laas

Vervollständige das Bild und male es aus!

Bild: © Julia Laas

Bilder weiterzeichnen

Zeichne noch zwei Figuren dazu, die auf dem Rasen liegen, und male das Bild aus!

Bild: © Julia Laas

Vervollständige das Bild und male es aus!

Bild: © Julia Laas

Gestalte das Kleid und den Hintergrund!

Bild: © Julia Laas

Vervollständige das Bild. Zeichne noch weitere Dinge, die auf dem Tisch liegen, und male das Bild aus!

Bild: © Julia Laas

Vervollständige das Bild von Sherlock Holmes und male es aus!

Bild: © Julia Laas

Vervollständige die Welt von Alice. Male das Bild danach aus!

Bild: © Julia Laas

Gestalte einen schönen Hintergrund und male das Bild aus!

Bild: © Julia Laas

Gib den Chibi-Figuren Gesichter, Haare und Kleidung und male das Bild aus!

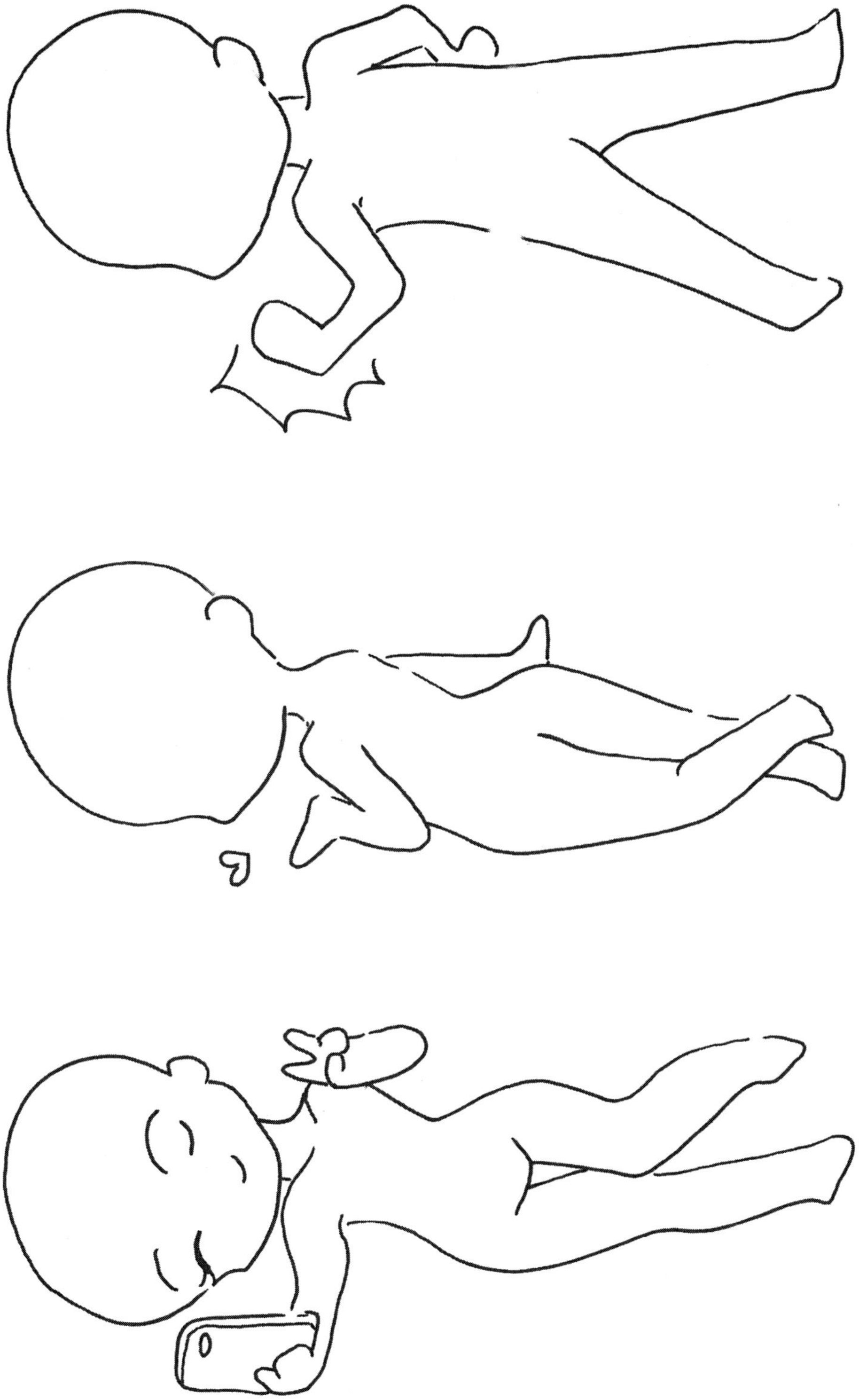

Bild: © Julia Laas

Vervollständige das Bild und male es aus!

Bild: © Julia Laas

Zeichne den beiden Mädchen ein Gesicht. Vervollständige den Blumenrahmen und male das Bild aus!

Bild: © Julia Laas

Zeichne dem Harlekin Muster in die Kleidung und male das Bild aus!

Bild: © Julia Laas

Bilder weiterzeichnen

Zeichne die passenden Gesichtsausdrücke in die Figuren und ergänze Frisuren und einen Teil der Kleidung. Male das Bild danach aus.

Bild: © Julia Laas

Vervollständige das Bild!

Bild: © Julia Laas

Male das Bild nach diesem Muster aus!

× = Orange/Hautfarbe deiner Wahl ○ = Lila ● = Blau

Bild: © Julia Laas

Zeichne den drei Figuren tolle Frisuren und male sie aus!

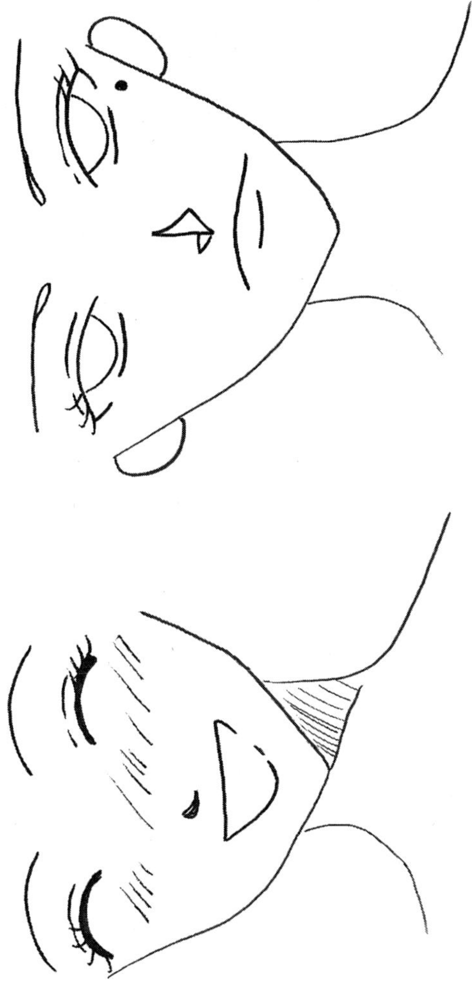

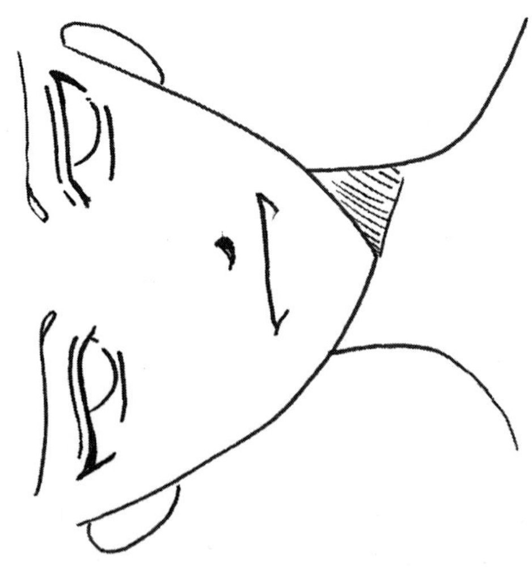

Bild: © Julia Laas

Vervollständige die Figur und die Blüten. Male das Bild danach aus!

Bild: © Julia Laas

Hallo, ich bin Yamato und ich möchte dir von einem Tag erzählen, an dem einfach alles schief lief – ein Tag am Rande des Wahnsinns.

Alles fing damit an, dass ich morgens von der Sonne geweckt wurde. Ich hatte gerade so schön geschlafen. Leider musste ich dann vor Schreck feststellen, dass ich verschlafen hatte! Ich zog mich hastig an, schnappte mir meine Tasche und wollte mich auf den Weg zur Schule machen. Aber mein Schlüssel für die Garage hatte sich in meiner Tasche versteckt.

Als ich dann endlich unterwegs war, musste ich mir unfreiwillig den Straßenbelag ein bisschen genauer anschauen. Wie ihr euch denken könnt, kam ich noch später als zu spät. Ich wartete bis zum Ende der ersten Stunde und ging dann in den Klassenraum. Der Rest des Schultages verlief eigentlich recht normal. Abgesehen davon, dass ich bei meinen Hausaufgaben mehr als die Hälfte nicht richtig hatte. Normalität bei einigen, Skandal bei den – sagen wir mal – Strebern wie mir.

Zusätzlich entschied sich Saito, bekannt für ein Strafregister, auf das sogar Al Capone neidisch gewesen wäre, mir aufzulauern. Dass ich darauf keine Lust hatte, könnt ihr euch denken. Also flüchtete ich – kam aber nicht weit ... die Treppe wartete auf mich ...

Wie könnte die Geschichte von Yamato weitergehen? Was passiert noch alles an diesem Tag? **Schreibe die Geschichte zu Ende und zeichne sie dann fertig.** Dafür kannst du die vorgefertigten Seiten mit den Panels benutzen (und einfach mehrfach kopieren – so oft wie benötigt).

Beachte, dass die Leserichtung original japanisch ist – also von rechts nach links.

Also beginnst du rechts in den Panels die Geschichte weiterzuzeichnen.

> Ein Panel ist ein Einzelbild, eine Seite besteht also aus mehreren Panels – Einzelbildern.

Bild: © Julia Laas

Es gibt Tage,
da hat man es wirklich schwer......

.....rein gar nichts will
klappen mehr.....

8:00

Blinzel

Blinzel

Schreck

Umdreh

WAS!!? SCHON 8 UHR?!!

Bild: © Julia Laas

ICH KOMME VOLLE KANNE ZU SPÄT!!

WUSCH

WUSCH

Hallo, mein Name ist Yamato. Ich bin 16 Jahre alt und heute geht einfach alles schief

Ich werde es euch erzählen, meinen Tag am Rande des Wahnsinns!

KRAM

Wo ist nur dieser blöde Schlüssel hin?!?

SUCH

Als ich den Schlüssel endlich fand, machte ich mich auf den Weg zur Schule. Natürlich nicht, ohne vorher ein Rendevous mit der Straße zu haben.

WWRRRR....

Oh man..

Ich kam, wie man sich denken kann - zu spät!

Bild: © Julia Laas

Ich wartete bis zum Ende
der 1. Stunde.
Sowas war mir noch nie passiert.

Aber es sollte noch
besser kommen.....

Zwar hatte ich alle Hausaufgaben gemacht, doch bei
allen war weniger als die Hälfte richtig.
Normalität bei einigen, Skandal bei den - sagen wir mal -
Strebern wie mir.

DING

DONG

Bild: © Julia Laas

Bild: © Julia Laas

Bild: © Julia Laas

Bild: © Julia Laas

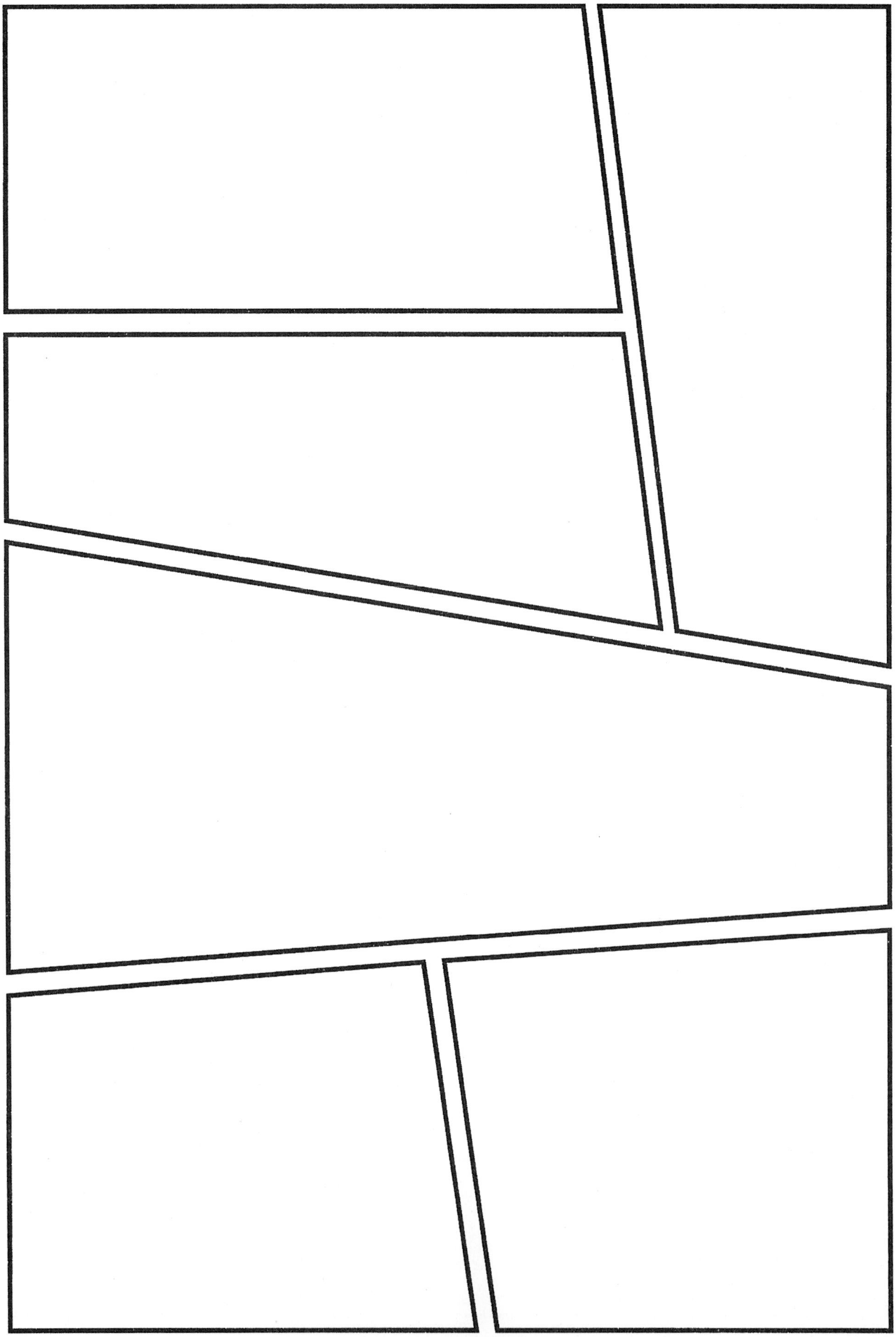

Bild: © Julia Laas